LE LENDEMAIN

DE LA

BATAILLE DE DENAIN

PAR

Alexandre FAIDHERBE

Extrait de la REVUE DU NORD DE LA FRANCE

LILLE

E. VANACKERE, ÉDITEUR, GRAND'PLACE, 7

—

1855

LE LENDEMAIN

DE LA

BATAILLE DE DENAIN

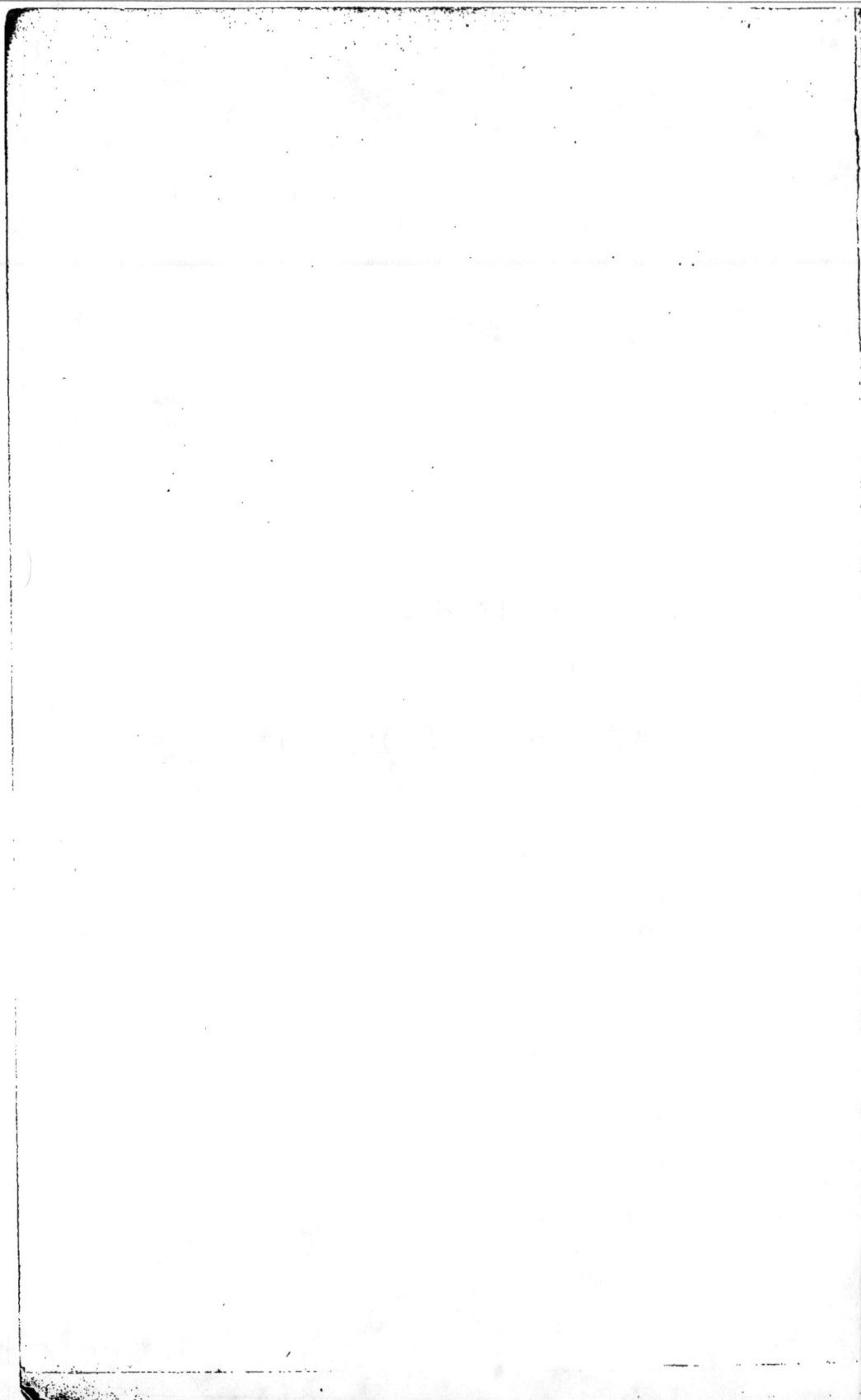

LE LENDEMAIN

DE LA

BATAILLE DE DENAIN

————•◦◦•——

SIÉGE DE MARCHIENNES EN 1712

Nous n'entretiendrons pas nos lecteurs de cette fameuse guerre de la succession d'Espagne qui nous valut les sanglantes défaites d'Hœcstedt, de Ramillies et de Malplaquet, et fit pâlir, à son déclin, ce soleil qui avait plané cinquante ans sur l'Europe et sur l'univers tout entier ; nous ne redirons point non plus cette bataille de Denain, tant de fois racontée par des plumes éloquentes et patriotiques ; c'est du lendemain que nous voulons parler. Sans doute le fait d'armes que nous avons à révéler est bien obscur auprès des gloires que l'armée française a accumulées depuis quinze siècles ; mais il s'est passé sur la terre de Flandre, si riche en souvenirs héroïques, sur une terre que j'ai foulé mille fois, à vingt pas de la maison de mes pères. Le redire c'est donc pour moi payer une dette de reconnaissance à mon village, et surtout aux vieillards avec lesquels j'ai passé mes premiers ans, et qui m'en ont si souvent entretenu. Toutefois, ce ne sont point les traditions qu'ils m'ont transmises que je vais consigner ici ; j'ai été assez heureux pour découvrir à la bibliothèque de Lille un manuscrit où le siége de Marchiennes est longuement rapporté ; c'est lui qui fera les frais de mon récit.

Ce fut le dimanche, 24 juillet 1712, que se donna la bataille de Denain, entre l'armée française, commandée par le maréchal de Villars, et l'armée des Hauts-Alliés, commandée par le prince Eugène de Savoie.

Le camp ennemi ayant été forcé par l'armée française, les troupes ennemies se retirèrent avec tant de précipitation et de confusion, que le pont de l'Escaut, à Denain, se rompit, et qu'une foule de monde se noya dans le fleuve, entre autres le comte de d'Ilona, gouverneur de Mons, sa femme et quelques enfants qui furent trouvés noyés, s'embrassant.

Pendant cette action il arriva un courrier à Marchiennes, au comte de Waldeck, qui y commandait un régiment de cavalerie, composé de trois escadrons, dit le narrateur, pour qu'il s'avançât jusque sur la plaine d'Abscon, où tout au moins joignît les troupes que le brigadier Berghoffer commandait dans les retranchements du Prétolut[1] ou de Beaurepaire[2]; mais une partie de ses cavaliers étant allés fourrager, il envoya quelques trompettes pour les rappeler au plus vite. Il fit cependant sonner le boute-selle, et s'avança avec ce qui lui restait de son régiment.

A peine fut-il à Notre-Dame du Marais[3], qu'il vit descendre des troupes vers Marchiennes; il forma aussitôt sa cavalerie en escadrons; mais ces troupes, qui étaient celles commandées par le brigadier Berghoffer, lui ayant appris la déroute complète du camp de Denain; infanterie et cavalerie rentrèrent dans Marchiennes, où commandait le lieutenant-colonel Kalden. La garnison eut ainsi un effectif de 5,600 hommes, sans compter les maîtres, gouverneurs et manœuvriers des bateaux qui se trouvaient sur la Scarpe, disposés sur deux lignes, depuis la Planche-d'Alnes jusqu'à la courbe de la rivière, au bout de la

---

[1] Hameau de Somain.

[2] Abbaye située entre Marchiennes, Rieulay et Somain, que fonda, au IXe siècle, Gisèle, sœur de Charles le Chauve, épouse d'Everard de Cysoing, et père du fameux Béranger, duc de Frioul, qui disputa si longtemps l'empire à Guy de Spolète. L'auteur d'un article sur la bataille de Denain, récemment publié dans la *Gazette de Wazemmes*, a confondu cette abbaye avec le village du même nom, situé dans l'arrondissement d'Avesnes.

[3] Chapelle située sur la vieille route de Somain à Marchiennes. La nouvelle n'ayant été faite qu'en 1708 par les Alliés, le pont de la Scarpe se trouvait alors place de l'Abreuvoir, d'où partaient la route de Somain dont nous venons de parler, et celle de Fenain qui longeait la rivière, puis se continuait par la cense de Ment, la rue du Village et le chemin des Vaches.

rue du Curé, vis-à-vis la cense de Dompré. Il faut encore y joindre les vivandiers chargés de la garde des troupeaux, et les conducteurs de vivres (de Marchiennes au camp), qui tous se retirèrent dans la place.

Marchiennes était donc pourvu d'une bonne garnison, et de toutes les munitions de bouche et de guerre qu'on avait rassemblées pour l'armée entière des Alliés[1]; il se trouvait fortifié de terrasses; la porte de Saint-Amand était flanquée d'un bastion fasciné à la pointe de la clôture des jardins de l'abbaye et environné de grands fossés; puis régnait un parapet, qui se reliait à une demi-lune formée contre le Décours, à la gauche de ladite porte. Tout le circuit des jardins de l'abbaye était fortement épaulé à l'intérieur.

A la droite de cette porte régnait un fossé large de 60 à 80 pieds, qui se réunissait à la Scarpe en passant par l'extrémité de la rue d'Angleterre. Ce fossé était flanqué d'une contrescarpe qui tombait en glacis vis-à-vis la cense Del Motte. Sur le Hainaut se trouvait un fort qui couvrait tout le terrain jusqu'au pont de la Scarpe[2], ce terrain servait de place d'armes. On y avait entassé les canons, mortiers, pierriers, bombes, boulets, grenades, en un mot toutes les munitions de guerre.

Au bout des terres sur la gauche, allant à Notre-Dame-du-Marais et proche le marais, on avait aussi élevé des retranchements où l'on plaça quelques pièces de canon; il se trouvait une demi-lune à la ventelle contre la rivière, sur les Bois-Noyés, avec quelques fortications, le long de la Rache, jusqu'à une autre demi-lune, au delà du pont des Bois-Noyés.

La maison de Jean-François Petit, au dehors de la porte de Douai, se trouvait au milieu d'un fort. On y avait élevé des remparts de terre si hauts, qu'ils dérobaient la vue des bâtiments. Enfin la Dordonne était bordée de remparts jusqu'à la clôture de l'abbaye.

---

[1] Le prince Eugène avait établi ses magasins à Marchiennes.

[2] Tout le territoire compris entre l'Escaut, la Scarpe et la Sensée, portait autrefois le nom d'Ostrevant, et faisait partie du *comitatus atrebatensis*. Mais vers 1160, « Godefroy de Bouchain céda à Bauduin le Bâtisseur, comte de Hainaut, son comté d'Ostrevant, qui, néanmoins, resta du diocèse d'Arras, sous le titre d'archidiaconé d'Ostrevant. » (Leglay.) — Ce comté avait pour capitale Bouchain.

Ce fut en cet état que la place fut investie par les Français, le 25 juillet, vers les 3 à 4 heures de l'après-midi. Du sommet de la tour on voyait avancer la grande armée du côté du Prétolut, et filer les troupes du côté de la planche de Vred, où se trouvait un fort garni de canons et de troupes, lesquelles abandonnèrent et canons et retranchements à l'arrivée des Français.

Les dragons, ayant franchi la rivière en cet endroit, vinrent se disposer en escadrons vers le marais du Vivier.

Pendant que les Français investissaient ainsi la place, on trouva à propos, dans le conseil des assiégés, tenu le lundi, 25 juillet, à midi, de faire sortir la cavalerie de la place, comme y étant inutile, et de l'envoyer à Tournai. La cavalerie partit donc, mais parvenue sur le marais, vis-à-vis la nouvelle cense de Billehem, trente hussards français les tinrent en échec jusqu'à l'arrivée d'un renfort de grenadiers qui repoussèrent l'ennemi jusqu'auprès des moulins, d'où il rentra dans la ville.

Cette escarmouche donna lieu au bruit qui courut, tant dans la ville que dans l'armée française, que c'était un secours pour la place; et sur ce bruit on vit, du sommet de la tour, toute la cavalerie française traverser au galop le marais du Vivier, en partie inondé, et se ranger en bataille sur le Sec-Marais.

Le mardi 26 fut employé par les assiégés à terminer ou à multiplier leurs retranchements; tandis que les Français achevèrent d'investir la place, commencèrent à lever terre et à ouvrir une tranchée proche la maison de Jean Carlier[1], sur le terroir des Moulins. Il conduisirent leurs boyaux au travers des bocages de la cense Del Motte, jusqu'à la rivière, vis-à-vis du fort que les Alliés avaient élevé de l'autre côté, sur le Hainaut.

Un tambour de l'armée française vint alors toucher sa caisse contre le fossé de la place, au bout de la rue d'Angleterre, et somma les assiégés de se rendre (sous prétexte que cette endroit n'était qu'un poste) à peine d'être passés au fil de l'épée ; mais ceux-ci ayant justifié du contraire, on continua les travaux d'approche.

[1] La maison de Jean Carlier allait de la rue du Wez à la rue des Chevaux, à la maison de Jean Caullerie et à celle des Verdières. (*Note du Chroniqueur.*)

Les assiégeants firent couler, par leurs boyaux de la cense Del Motte vers la rivière, des troupes que n'arrêtèrent ni le grand feu de mousqueterie du fort d'Hamage, ni celui des canons chargés à cartouches, qu'on avait mis en batterie sur la place d'armes, près le pont de la Scarpe, alors situé place de l'Abreuvoir. Nos troupes se coulèrent ventre à terre le long des digues, et tâchèrent de s'emparer du fort, mais dépourvues de canons, il leur fallut user d'autres moyens.

Ils firent donc des crochets en bois ou autres substances, qu'ils jetèrent sur un bateau attaché à la rive, du côté du fort, et firent tant qu'ils parvinrent à le tirer de leur côté. Pendant cette manœuvre, les assiégeants dirigèrent sur le fort un feu nourri de mousqueterie, auquel les assiégés répondirent à coups de canons chargés à cartouches; beaucoup de Français furent tués en cette affaire, et déposés dans un saloir, creusé sur le bord des prairies Del Motte, à la courbe de la rivière. Mais soutenus par le feu de leur mousqueterie, nos soldats se jetèrent dans le bateau, traversèrent la Scarpe, dispersèrent les ennemis, et s'emparèrent du fort. Ceux-ci abandonnèrent également le poste du prieuré d'Hamage, où ils avaient élevé quelques fortifications, et s'échappèrent par le marais du Hainaut[1].

Toutefois, ce n'était point assez d'avoir pris ce fort en plein jour; il fallait en protéger l'entrée qui était vers Marchiennes, contre les balles et les boulets que les ennemis y envoyaient du rempart, élevé entre la rivière et la rue d'Angleterre. Y lever terre de jour, c'était s'exposer et perdre du temps. Pour en finir au plus tôt, nos soldats s'emparèrent d'un autre bateau chargé de farine, en enlevèrent les sacs sur leurs dos, et, malgré le feu, en fermèrent l'entrée du fort.

Pendant la nuit du 27 au 28, les assiégeants travaillèrent à leurs batteries; et dès le point du jour, celle qu'ils avaient élevée entre le vieux moulin et le vivier Del Motte battit violemment le bastion de la porte Saint-Amand et la muraille de clôture des jardins de l'abbaye. Quelques boulets allèrent frapper l'église, et aussitôt deux religieux

---

[1] Le marais du Hainaut dont il est ici question ne peut être que ce qu'on nomme aujourd'hui le Moyen-Marais, entre Hamage et Wandignies, car on verra plus loin que les Français occupaient la plaine qui porte aujourd'hui ce nom. Les ennemis, au lieu de rentrer dans Marchiennes, se seraient-ils sauvés vers Saint-Amand?

furent députés vers le général pour le supplier de détourner les canons de cette batterie : demande qui leur fut accordée sous la condition expresse que nul ne se trouverait dorénavant à la tour.

En même temps les assaillants firent jouer une batterie de mortiers qu'ils avaient établie près de la chapelle du Marais, et dont les effets furent des plus désastreux pour la ville. Une bombe vint tomber sur la maison de Jean-Antoine Calonne, chirurgien, et ayant rencontré le *sommier*, la renversa de fond en comble. Au sifflement du projectile, un barbier nommé Dominique Martinache prit la fuite avec celui qu'il était justement occupé à raser, mais ayant oublié son chapeau, il rentra et fut accablé sous les ruines.

Plusieurs autres bâtiments furent de même endommagés, et la maison de la *Fleur-de-Lys*, près la place, sur la Grand'Rue, subit le même sort que celle du chirurgien.

La nuit du 28 au 29 fut employée par les assiégeants à avancer leurs tranchées du Vieux-Moulin à la Margelle, où ils établirent de nouvelles batteries qui tirèrent dès la pointe du jour jusqu'au soir, démantelant en partie le bastion. De leur côté, les assiégés ne s'endormaient point. Ils continuèrent toute la nuit leur feu de mousqueterie, élevèrent de nouveaux retranchements dans les jardins de l'abbaye, fortifièrent la muraille d'un double rempart, et mirent en batteries leurs 120 pièces de canon ; en un mot, ils ne négligèrent aucun moyen de défense.

On arrêtait tous les bourgeois que l'on rencontrait pour les occuper à réparer les brèches ou à faire d'autres travaux. Aussi se cachèrent-ils soigneusement où ils purent, et surtout dans l'abbaye. Il n'y eut qu'Alexandre de Pettre qui eut la cuisse brisée d'un boulet, et mourut le lendemain.

La journée du 29 fut très-violente. Les batteries de la porte Saint-Amand étaient si proches du bastion et de la muraille de l'abbaye, que les boulets qui en échappaient traversaient tout Marchiennes. Je vis un boulet, dit l'annaliste, qui, après avoir traversé le toit de la maison de Théry ou de la veuve Wagon, vint tuer une sentinelle postée contre le chœur de l'église ; un autre, envoyé du même point, coupa les jambes à la femme d'un vivandier qui montait de la Basse-Rue à la place ; ce qui amena la désertion du corps de garde. D'ailleurs, les bombes jetées de la chapelle du Marais étaient si fréquentes, que nul n'osait se montrer sur la place. Joignez à cela une nouvelle batterie que nos troupes avaient élevée sur les pâtures de l'abbaye. Ces trois batteries battaient Marchiennes en triangle, et rien n'était à l'abri de leurs insultes. L'église et l'abbaye seules furent respectées. Bien des bombes, toutefois, frappèrent les voûtes de l'église ou tombèrent dans les cours de l'abbaye ou dans les jardins du curé.

Une entre autres vint tomber sur quelques écuries couvertes en paille, derrière la maison du *Lion-Blanc*, et alluma un incendie qui dévora plusieurs maisons, malgré les soins empressés de quelques bourgeois courageux ; car les autres s'étaient, comme nous l'avons dit, réfugiés dans l'abbaye, cherchant la sûreté de leurs corps, et n'attendant plus que la ruine de leurs maisons.

Quelques bâtiments furent aussi détruits sur la place des Charrons.

Les batteries continuèrent à tirer pendant la journée du 30; et le canon avait fait une si large brèche à la porte Saint-Amand, que les assiégés, ne se trouvant plus en sûreté dans la place, demandèrent à capituler, et battirent la chamade. Mais les conditions que voulurent leur imposer les assiégeants leur parurent si dures que la capitulation fut retardée jusqu'entre 5 et 6 heures du soir. A cette heure la garnison se constitua prisonnière de guerre, et les seuls commandants de chaque corps de troupes eurent le droit de sortir et d'emmener leurs équipages.

www.ingramcontent.com/pod-product-compliance
Lightning Source LLC
Chambersburg PA
CBHW060735280326
41933CB00013B/2650